WOLF ERLBRUCH

Das Bärenwunder

PETER HAMMER VERLAG

Das Bärenwunder
wurde 1993 mit dem Deutschen Jugendliteraturpreis ausgezeichnet.

6. Auflage Miniausgabe 2018

Lithos: Peter Karau GmbH, Bochum
Druck: TBB, a.s.
ISBN 978-3-87294-826-7
www.peter-hammer-verlag.de

Draußen vor der Bärenhöhle
waren die Vögel schon eifrig mit Singen
und Mückenfangen beschäftigt.
Die jungen Birken hatten noch keine Blätter,
aber der Wind, der mit ihren Zweigen spielte
und ab und zu ihre dünnen Stämme
ein wenig verbog, war schon
ein richtiger Frühlingswind.

Der Bär war aus dem Winterschlaf erwacht und sein Magen knurrte gewaltig, denn wenn man fast ein halbes Jahr geschlafen hat, wacht man sehr hungrig auf.

Schon bald hatte er sich wieder dick und rund gefressen. An sonnigen Nachmittagen dachte er jetzt gern darüber nach, was für ein großer starker Bärenvater er doch sein könnte.

Was man allerdings tun musste, um ein Bärenvater zu werden, – so sehr er auch darüber nachdachte – es wollte ihm nicht einfallen.

Am nächsten Morgen nahm er all seinen Mut zusammen und rief, so laut er konnte, in den Wald hinein:
„Kann mir jemand sagen, wie ich ein Kind bekomme?“

Wie aus dem Nichts tauchte der Hase vor ihm auf. „Wie bitte?“, fragte er den Bären erstaunt und noch etwas außer Atem. „Das weißt du nicht?“
„Die Kinder, mein Bester, wachsen auf Rübenfeldern, immer zwischen zwei besonders kleinen Rüben. Wenn die Ohren weit genug aus der Erde gucken, kann man sie daran herausziehen. – Ganz vorsichtig natürlich.“
Bevor er weitersauste, sagte er noch: „Es ist schon ein kleines Wunder, oder?“

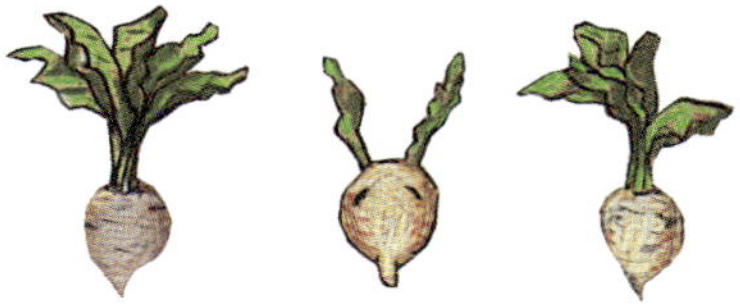

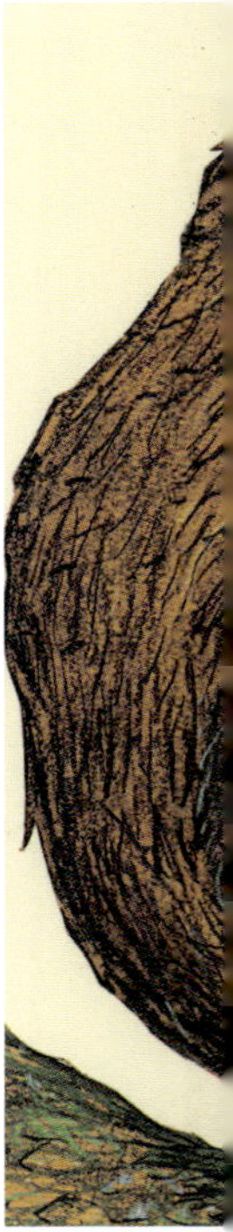

Obwohl der Bär die Geschichte nicht so recht glauben konnte (schon wegen der Ohren), schaute er ganz früh am nächsten Morgen auf einem Rübenfeld nach.

„Zwischen zwei besonders kleinen Rüben?“, fragte die Elster entsetzt. „Dabei ist es so wunderbar einfach: Man legt ein Ei und brütet es aus.“

Das war dem Bären auch nicht ganz geheuer, trotzdem machte er, nachdem er eine geeignete Stelle gefunden hatte, einen wild entschlossenen Versuch.

Kurz darauf fragte er den Lachs, so gut es unter Wasser ging.
Der Lachs lächelte verschmitzt und sagte:
„Man streut Zucker auf die Fensterbank und wartet auf den Storch.“

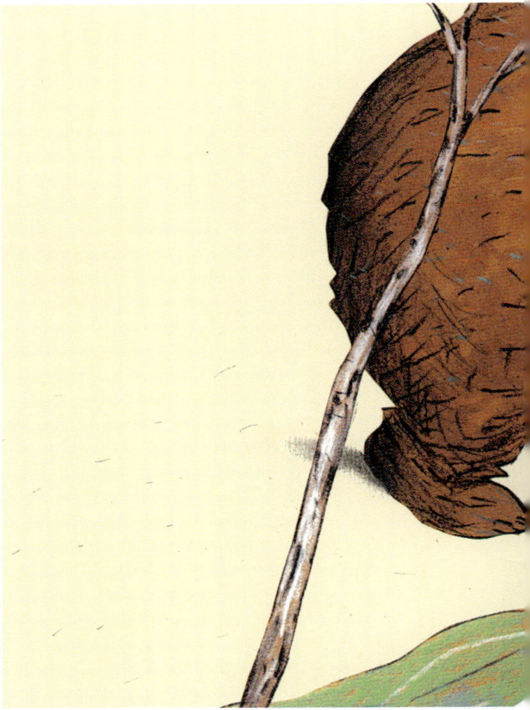

Nun wusste der Bär nicht, was eine Fensterbank ist, wohl aber, wo der Storch zu finden war.
„Ein für alle Mal“, sagte der, etwas entnervt, „ich fange Frösche, wie du vielleicht siehst, und den Winter über bin ich in Afrika. Sonst nichts!“

Jetzt war der Bär richtig
ein bisschen verzweifelt,
als eine komische Wolke
am Himmel vorbeisegelte.
Da fiel ihm ganz plötzlich
die Geschichte von der
Bären-Wunder-Wolke ein, auf
der die Bärenkinder
herumtoben, bevor sie auf
die Welt kommen.
Seine Mutter hatte sie ihm
früher immer erzählt,
und er hatte sie völlig
vergessen.

„Wünschst du dir auch so sehr ein Bärenkind?“, brummte es zart direkt an seinem Ohr. Zuerst erschrak der Bär ein bisschen, aber als er sich umdrehte, schaute er einer reizenden Bärenfrau direkt in die Augen.

„Woher weißt du das?“, fragte er sie völlig verblüfft. „Weil du die Wolke so sonderbar ansiehst“, lächelte sie und rückte ein Stückchen näher.

„Glaubst du die Geschichte?“, fragte er sie. Die Bärenfrau schüttelte sanft den Kopf. Als sie dann aber sah, dass der Bär ganz unglücklich guckte, sagte sie schnell: „Wenn du nur ein bisschen mitmachst, könnten wir im nächsten Frühjahr ganz wunderhübsche Bärenkinder haben.“

Und sie suchten sich ein weiches Plätzchen irgendwo auf einer Lichtung, im hohen, hohen Gras.

Bilderbücher von Wolf Erlbruch im Peter Hammer Verlag:

Die Werkstatt der Schmetterlinge (Text von Gioconda Belli)

Frau Meier, die Amsel

Der Adler, der nicht fliegen wollte (Text von James Aggrey)

Vom kleinen Maulwurf, der wissen wollte, wer ihm auf den Kopf gemacht hat
(Text von Werner Holzwarth)
Auch lieferbar als Mini- und Pappausgabe.

Die fürchterlichen Fünf

Leonard

Die Menschenfresserin (Text von Valérie Dayre)

Nachts

Die große Frage

Am Anfang (Text von Bart Moeyaert)

Olek schoss einen Bären (Text von Bart Moeyaert)